BEI GRIN MACHT SICH IHR WISSEN BEZAHLT

Sascha Peter Bajonczak

Das Semantische Web als "next big thing"?

GRIN Verlag

Bibliografische Information der Deutschen Nationalbibliothek:

Die Deutsche Bibliothek verzeichnet diese Publikation in der Deutschen National-
bibliografie; detaillierte bibliografische Daten sind im Internet über http://dnb.d-
nb.de/ abrufbar.

Impressum:

Copyright © 2013 GRIN Verlag GmbH
Druck und Bindung: Books on Demand GmbH, Norderstedt Germany
ISBN: 978-3-656-45594-3

Dieses Buch bei GRIN:

http://www.grin.com/de/e-book/230158/das-semantische-web-als-next-big-thing

GRIN - Your knowledge has value

Der GRIN Verlag publiziert seit 1998 wissenschaftliche Arbeiten von Studenten, Hochschullehrern und anderen Akademikern als eBook und gedrucktes Buch. Die Verlagswebsite www.grin.com ist die ideale Plattform zur Veröffentlichung von Hausarbeiten, Abschlussarbeiten, wissenschaftlichen Aufsätzen, Dissertationen und Fachbüchern.

Besuchen Sie uns im Internet:

http://www.grin.com/

http://www.facebook.com/grincom

http://www.twitter.com/grin_com

FOM Essen

Grosse Hausarbeit

Das Semantische Web als „next big thing"?

22. Juni 2013

Student:	Sascha Bajonczak
Fachrichtung.:	Wirtschaftsinformatik

Inhaltsverzeichnis

Listings

Abbildungsverzeichnis

Abkürzungsverzeichnis

SEO	Search Engine Optimization
CTR	Click-Through-Rate
SERP	Search Engine Result Page
HTML	Hypertext Markup Language
XHTML	Extensible HyperText Markup Language
RDFa	RDF in Attributes
DTD	Document Type Definition
WWW	World Wide Web
RDF	Resource Description Framework
OWL	Web Ontology Language
RDL	Web Ontology Language

II

1 Einleitung

Seit Google den Knowledge Graph eingeführt hat, rumort es in der Semantischen Community [4]. Doch was ist der „Knowledge Graph" und was ist ein „Semantischer Inhalt"? Diese Hausarbeit soll die Grundlagen des Themas vermitteln. Antworten zu den bereits genannten Fragen werden hier gegeben. An Praxisbeispielen wird vermittelt was das Semantische Web für den Mainstream bedeutet, ebenso werden Hinweise für eigene Seitenbetreiber gegeben. So das deren Darstellung auch „kompatibel" zum Semantischen web ist.

2 Grundlagen

Das Semantische Web ist eine im Gange befindliche Weiterentwicklung des World Wide Web (WWW) mit dem Ziel einen höheren Automatisierungsgrad bei der elektronischen Abwicklung von Geschäftsprozessen zu erreichen[7, vgl. S. 75].

2.1 Entstehung

Stellen Sie sich vor Frau Maler, die frisch in die Stadt Herne gezogen ist, sucht im Internet einen Facharzt, in der näheren Umgebung. Der zudem im Bereich Gastroenterologie (Facharzt für Magendarmkrankheiten) tätig ist. Bisher war das Vorgehen, das in der Suchmaschine die Wörter „Arzt", „Gastroenterologie" und „Herne" eingegeben wurden. Als Ergebnis wurde eine Liste mit enorm vielen Treffern angezeigt. In dieser Liste waren aber auch Einträge die nichts mit den Suchbegriffen zu tun haben. So sortiert Frau Maler die Einträge heraus, die nichts mit den Suchbegriffen zu tun haben, ebenso die Treffer, welche nicht mit öffentlichen Verkehrsmitteln zu erreichen sind. Schließlich sortierte Sie auch die Ergebnisse heraus, die nicht eine annähernde gute Bewertung besitzen. Nach geschätzten 20 Minuten fand Frau Maler, drei in frage kommende Ergebnisse.

Der „Erfinder" des WWW und Leiter des World Wide Web Consortium (W3C) Tim Berners-Lee und einer Gruppe von Forschern brachte nun eine Lösung auf dem Weg. Die diese Suche effizienter gestaltet. Die Grundidee: Die Informationen werden so angereichert, das diese nicht nur für Menschen verständlicher sind, sondern auch für die Maschinen besser erfasst werden können. Das Semantische Web ist geboren[13, vgl. S. 2].

1

2.2 Technische Grundlagen

Damit Suchmaschinen die eigenen Inhalte / Daten lesen und auswerten können, müssen diese Informationen mit Metadaten verknüpft werden. Was sind aber Metadaten? Metadaten sind Daten über Daten[16, vgl. S. 5f.]. Metadaten beinhalten nicht die eigentlichen Informationen, sondern dienen lediglich der Orientierung. Diese können in dem, zu beschreibenden, Objekt enthalten sein oder in einem separaten Index Katalog[17, vgl. S. 8ff]. Die Bedeutung der Inhalte wird also mithilfe einer Auszeichnungssprache explizit dazugeschrieben. Die Auszeichnungssprachen definiert sich in verschiedenen Vokabularien, beispielsweise Resource Description Framework (RDF) und OWL.

2.2.1 RDF

Die RDF Syntax ist eine Anwendung von XML, welches mithilfe von Schema Definitionen entsprechende Klassen beschreibt[10, vgl S. 354 f.]. Klassen sind somit das zentrale Konzept von RDF. Soll beispielsweise der Arzt „Dr. Johanna Preiss" zu den Gastroenterologie Ärzten zugewiesen werden. So kann dies in folgender XML-Definition durchgeführt werden.

Listing 1: RDF Beispiel

```
<?xml version="1.0"?>
<type:RDF
xmlns:type="http://www.w3.org/1999/02/22-type-syntax-ns#"
xmlns:cd="http://www.aerzteseite.de/Homeopathie#">

<type:Description
type:about="http://www.aerzteseite.de/Homeopathie/JohannaPreisss">
  <cd:Name>Johanna Preis</cd:Name>
  <cd:Country>Deutschland</cd:Country>
  <cd:City>Herne</cd:City>
</type:Description>
</type:RDF>
```

Hier wird zunächst „http://www.aerzteseite.de/Homeopathie" als Klasse definiert. Das Element „JohannaPreiss" die Eigenschaften wie Name, Land und Stadt zugeordnet. Dies ist nur ein minimales Beispiel, es existieren noch viele weitere mögliche Eigenschaften. Ganz simpel erklärt bedeutet diese Technik folgendes: Erst wird eine Klasse definiert und anschließend werden die Elemente mit deren Eigenschaften hinzugefügt.

2.2.2 RDFa

Damit der Entwickler bzw. der Betreiber entsprechender Internetseiten mit Semantischen Inhalten, keine Redundanzen pflegen muss, wurde vom W3C Konsortium das RDFa[1]-Format entwickelt. So kann aus der Kombination mit Extensible HyperText Markup Language (XHTML) + RDFa das reine RDF extrahiert werden. Somit ist XHTML um ein paar Attribute erweitert.XHTML+RDFa besitzt eine eigene Document Type Definition (DTD)[2][1, vgl S. 137 f.]. Mit Einsatz der Technologie entsteht ein Dokumententyp wie in Listing 2.

Listing 2: RDFa Beispiel

```
<?xml version="1.0"?>
<!DOCTYPE html Public"-//W3C//DTD XHTML+RDFa 1.0//EN"
"http://www.w3.org/MarkUp/DTD/xhtml-rdfa-1.dtd">
```

Nachdem das eingebunden wurde, stehen neue Attribute zur Verfügung. Der große Vorteil von RDFa ist die Erweiterung der Vokabularien. RDFa ist somit nicht auf Datenformate festgelegt, sondern es steht jedem frei sein eigenes Vokabular zu erstellen. Es sollte der Grundsatz gelten, dass bereits vorhandene und viel genutzte Vokabular, primär zu verwenden. Der gängigste Einsatz von RDFa ist in den Mikroformaten zu sehen. Darauf wird im Kapitel 2.3 näher eingegangen. Ein weiteres Beispiel des Einsatz von RDFa ist der Open Graph[3] von Facebook[4].

2.2.3 OWL

Die Web Ontology Language (OWL) erweitert das RDL. Beispielsweise fügt es dem RDF-Schema einige Ressourcen und Eigenschaften hinzu. Diese wurde für Anwendungen entwickelt die nicht nur Informationen präsentieren, sondern auch verarbeiten. Daher bietet diese Sprache eine Möglichkeit zur maschinellen Verwertbarkeit von (Web-)Inhalten als die vorher vorgestellte Sprache RDF. Sie kann dazu verwendet werden um Ontologien zu beschreiben und über deren Klassen und Beziehungen zu schließen[9, vgl. S. 29]. Es erlaubt auch durch

- Aufzählung der Instanzen

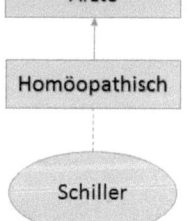

Abbildung 1: OWL-Diagramm

---

[1]http://www.w3.org/TR/rdfa-syntax/
[2]http://www.w3.org/TR/rdfa-syntax/#a_xhtmlrdfa_dtd
[3]https://developers.facebook.com/docs/opengraph/overview/
[4]https://www.facebook.de

- Durchschnitt anderer Klassen
- Vereinigung anderer Klassen
- Bildung von Kardinalitäten
- Komplementär Operationen

neue Klassen oder Subklassen zu konstruieren[13, vgl. S. 83f]. Ein Einsatz beider Sprachen ist daher durchaus Sinnvoll. Das RDF Beispiel wird mithilfe von OWL zeigt das Listing 3.

Listing 3: RDF Beispiel erweitert mit OWL Elementen.

```
<owl:Class, type:Id="Aerzte"/>
<owl:Class, type:Id="Gastroenterologie">
      <types:subClassOf type:Resource="#Aerzte"/>
</owl:Class>

<Homoeopathisch type:Id="Dr. Johanna Preis"/>
```

Da die Quelltexte nicht immer aussagekräftig sind, soll die Abbildung 1, für dieses Beispiel zur Erläuterung hilfreich sein. So wird der Eintrag „Dr. Johanna Preiss" zu der Gruppe bzw. Klasse Gastroenterologie hinzugefügt. Diese Klasse ist der Klasse Ärzte zugewiesen. Das bedeutet, das „Dr. Johanna Preis" in Zusammenhang mit „Ärzten" steht. So würde bei einer Suche nach „Ärzte in Herne" auch der Eintrag „Dr. Johanna Preiss" auftauchen. Vorausgesetzt die restlichen Eigenschaften wie der Ort stimmen mit dem Suchbegriff überein.

2.3 Mikroformate

Im HTML gibt es für viele Fälle keinen semantischen Ausdruck. So kann etwa eine News die aus den Teilen wie Schlagzeile, Kurztext, Langtext und Autorenangabe besteht, nicht in HTML nur durch eigene Elemente Abbilden. So kann in keiner Weise darauf hingewiesen werden, dass es sich hierbei um eine News handelt. Es können zwar proprietäre Angaben wie Adressen in HTML dargestellt werden, jedoch ist eine Unterteilung der Angaben in beispielsweise E-Mail, Telefon usw. nicht möglich. Genau hier setzen die Mikroformate an[12, vgl S. 291]. Was sind also Mikroformate? Hier die Definition von microformats.org:

Designed for humans first and machines second, microformats are a set of simple, open data formats built upon existing and widely adopted standards.[5]

---

[5]http://microformats.org/

4

Somit sind Mikroformate unter Verwendung von offenen Standards, für den Menschen als auch für die Maschine lesbarer Informationen.
Wie sieht also so ein Standard aus? Ein Beispiel[6] für eine simple elektronische Visitenkarte ist in Listing 4 aufgeführt.

Listing 4: Mikroformat Beispiel für eine elektronische Visitenkarte

```
<div Class="vcard">
  <a Class="url fn" href="http://www.dr-johanna-preis.de/">Johanna Preis</a>
</div>
```

Wie zu sehen werden Mikroformate über das Attribut „Class" des HTML definiert. Der Wert „vcard" gibt an das es sich um eine elektronische Visitenkarte handelt. In dem Element wurde ein weiteres erstellt, welches die Bezeichnung „url" und „fn" besitzt. Das Feld „fn" gibt an das es ein voller Name ist. Der Wert „url" zeigt auf, das sich in dem HTML Element noch die Internetadresse der Homepage befindet. Es sind also keine neuen Elemente erzeugt, sondern die bereits vorhandenen Techniken verwendet worden. Somit sind die Standards in bereits bestehende Elemente eingebunden. Mikroformate können demnach in dem bereits vorhandenen Internetauftritt eingefügt werden. In der Praxis werden Mikroformate noch nicht von allen Suchmaschinen erkannt, denn der Standard befindet sich noch am Anfang seiner Entwicklung[12, vgl S.291]. Jedoch bei einer Suche nach „uni hamburg" in der Suchmaschine Google[7], werden bereits jetzt schon Kontaktinformationen in dem Knowledge Graph (Siehe Kapitel 3.1.1) angezeigt, die mithilfe von Mikrodaten bereitgestellt wurden.

3 Anwendungsgebiete

Im den folgenden Kapiteln wird die semantische Websuche anhand von Beispielen vorgestellt. In erster Linie wird hier auf Suchmaschinen eingegangen. Es soll damit gezeigt werden, wie sehr das auffinden von Informationen, durch das semantische web verändert wurde.

---

[6] Abgewandeltes Beispiel entnommen von http://microformats.org/wiki/hcard
[7] http://www.google.de

3.1 Google und die Semantische Suche

Gehen wir zurück zu dem oben genannten Beispiel mit Frau Maler. Bisher mussten einzelne Stichworte einzeln eingegeben werden. Demnach wurde die Ergebnisliste willkürlich zusammengewürfelt präsentiert. In dem Beispiel wurden Ärzte ausgegeben, die gar nichts mit den gesuchten Schlüsselwörtern zu tun haben. Bedingt durch die Einführung des semantischen Web's ist die Suchmaschine Google mittler-

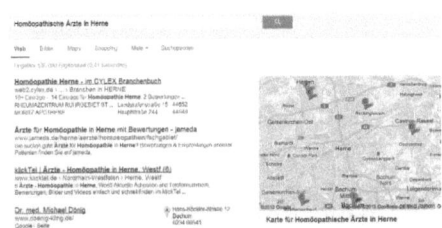

Abbildung 2: Beispielsuche für Gastroenterologische Ärzte in Herne

weile einen Schritt in Richtung Semantische Suche gegangen. So ist es möglich mithilfe von „Gastroenterologische Ärzte in Herne" die Trefferliste zu konkretisieren. Wie in Abbildung 2 zu erkennen ist, bindet die Suchmaschine ebenfalls eine Kartendarstellung ein. Auf dieser ist sehr schnell zu sehen, wo in Herne die Ärzte ihre Praxis besitzen. Doch wie schafft es die Suchmaschine die Daten so genau zuzuordnen? Dazu ein kleiner Exkurs

Durch das Crawling und die Indexierung von 30 Billionen (Stand April 2013[8]) einzelner Seiten und verlinkten Seiten werden die Inhalte nach Inhalt und anderen Faktoren sortiert. Dazu werden auch andere Inhalte wie z.b. Daten aus Google Maps, Bewertungsportalen o.ä. mit Einbezogen. All diese Informationen werden in einem Index festgehalten. Der Datenpool ist gesetzt. Während der Benutzer eine Suchanfrage eingibt, suchen die Algorithmen der Suchmaschine nach Anhaltspunkten was genau dieser meint, es wird also versucht zu verstehen was der Benutzer genau sucht. Basierend auf den Anhaltspunkten werden die relevanten Dokumente aus dem Index gezogen. Die Ergebnisse werden dann anhand diverser Faktoren bewertet. Mithilfe der 200 Faktoren wird somit das Ranking der Dokumente festgelegt (Spam wird automatisch aus den Suchergebnissen entfernt)[5].

---

[8]Entnommen aus http://www.google.com/intl/de/insidesearch/howsearchworks/thestory/

3.1.1 Der Google Knowledge Graph

Der Knowledge Graph geht einen Schritt weiter in Richtung semantsiches Web. Der Knowledge Graph beinhaltet Algorithmen die nach Daten suchen, welche mit dem Thema zu tun haben [6]. Diese Themen werden jedoch nicht in der Ergebnisliste angezeigt, sondern in einer Informationsbox neben den Suchergebnissen. Die Abbildung 3 zeigt das Ergebnis, wenn nach dem Namen „Da Vinci" gesucht wurde. So sind dort nicht nur allgemeine Daten vorhanden wie der Name, das Geburts- und Todesdatum, sondern auch die Bilder seiner Malereien. Durch die Suche nach „Da Vinci" wird angenommen, das der Suchende Benutzer sich für Kunst interessiert, so ist auch eine Empfehlung für andere Künstler ebenfalls als Ergebnis aufgeführt.

Leonardo da Vinci

Leonardo da Vinci war ein italienischer Maler, Bildhauer, Architekt, Anatom, Mechaniker, Ingenieur und Naturphilosoph. Er gilt als einer der berühmtesten Universalgelehrten aller Zeiten. Wikipedia

Geboren: 15. April 1452, Vinci
Gestorben: 2. Mai 1519, Amboise
Epoche: Hochrenaissance
Beerdigt: Schloss Amboise
Eltern: Caterina da Vinci, Piero da Vinci

Werke

Mona Lisa   Das   Der   Felsgrotte   Dame mit
            Abendmahl vitruvianis...   dem
            1498   Mensch   Hermelin

Wird auch oft gesucht

Michelan... Raffael Pablo   Vincent van Pierre-Au...
                      Picasso Gogh   Renoir

Abbildung 3: Beispiel Da Vinci

3.1.2 Rich Snippets

Mittlerweile besteht die Möglichkeit, die Suchergebnisse mit zusätzlichen Informationen durch sog. „Rich Snippets" anzureichern. Diese können mit div. Informationen angereichert werden. Es lässt schon erahnen das die Technik sehr viele Möglichkeiten bietet. Damit die Suchmaschine auch die Informationen anzeigt, muss der Seitenbetreiber die Informationen mit zusätzlichem Hypertext Markup Language (HTML)-Markup definieren. Der Aufwand dafür hält sich in einem Überschaubaren Rahmen[14]. Die Sprache ist in ausführlicher Form auf Schema Org[9] veröffentlicht und wird in den Arten:

- Mikrodaten

- Mikroformate

- RDFa

unterschieden.

Die Darstellung der Daten ist natürlich unterschiedlich, es existieren unter Anderem folgenden Arten:

---

[9]http://schema.org

- Bewertungen

  Bewertungen sind nicht nur für die Suchmaschine ein Indiz für Qualität, sie erleichtern auch dem potenziellen Kunden die Kaufentscheidung. In Form von Sternchen wird dem Benutzer die Qualität eines Shops vermittelt. Je höher die Anzahl der Sterne, um so besser ist das Produkt bewertet.

- Preise

  Ein Merkmal, welches einen entscheidenden Einfluss auf die Kaufentscheidung hat, ist der Preis eines Produktes. Definieren z.B. Shop Betreiber diesen bereits im Suchergebnis, können Absprungraten verringert werden. Zudem gibt es einen klaren Wettbewerbsvorteil, insbesondere wenn im Vergleich zur Konkurrenz die günstigeren Preise angeboten werden können.

- Produktdaten

  Neben dem Preis können auch weitere Artikelmerkmale definiert werden, etwa die Verfügbarkeit, Größe oder Farben. Welche Details eines Produktes übergeben werden sollen, kann anhand verschiedener Informationstypen festgelegt werden. Letztendlich entscheidet also jeder selbst, welche Informationen in den Search Engine Result Page (SERP)s erscheinen sollen.

- Erfahrungsberichte

  Mit Rich Snippets für Erfahrungsberichte, werden dem User Informationen wie Benutzer-Reviews und auch Bewertungen zu einem Produkt oder einer Dienstleistung angezeigt. Steht man hinter seinem Angebot und hat überwiegend positive Resonanz der Kunden, kann hiermit nichts falsch machen.

- Ereignisse

  Veranstaltungshinweise kann man ebenso mit einem Markup versehen, so dass Datum und Ort dieser Veranstaltung als zusätzliche Information in den SERPs dargestellt wird. Eine Anleitung hierfür findet man bei dem Suchmaschinenbetreiber.

- Organisationen / Personen

  Betreiber einer Organisation können ihre Webseite ebenso optimieren. So kann eine Anfahrtsbeschreibung zur Adresse erstellt oder eine Darstellung von Bewertungen realisiert werden.. Personen hingegen können mithilfe von Sozialen Netzwerken beispielsweise Ihr Blog „branden". Dadurch wird dann neben dem Artikel in den Ergebnissen, eine kleine Version des Profilbilds angezeigt.

- Bilder

  Ohne Produktbilder würde wohl kein Online Shop überleben, sind diese doch letztendlich das Zünglein an der Kaufentscheidungswaage. Gerade deshalb ist es sinnvoll, Produktbilder bereits in der Suche zu übergeben. In der Regel wissen nämlich
  viele Nutzer die nach einem Produkt suchen noch gar nicht, welche Merkmale diese
  haben sollen. Über Bilder können sie gezielt angesprochen werden.

  Ein Beispiel: Wird nach „Schuhe" gesucht, aber ich weiß noch gar nicht, welche ich
  suche und es erscheint nun ein Suchergebnis mit stylischen Sportschuhen, reagiert
  das Unterbewusstsein und ich klicke auf das Ergebnis. Denn das ist genau die Art
  von Schuh, die der Benutzer gerne haben möchte.

Die Ausgaben sind sehr umfangreich, jedoch es ist nicht jeder Anzeigetyp sinnvoll. So wäre
für ein Online Shop ein Rich Snippet Typ für eine Personendarstellung nicht sinnvoll,
jedoch der Typ für Produktbewertung hingegen schon[18].

Besonders einfach lässt sich der Einbau der für Rich Snippets nötigen Auszeichnungen
mit dem Rich Snippet Testing Tool (http://www.google.com/webmasters/tools/ richs-
nippets) überprüfen. Durch Eingabe einer URL wird angezeigt, wie das Suchergebnis
dieser URL aussehen könnte. Ist in dem Markup ein Fehler, dann wird kein Ergebnis
angezeigt. Ist das Ergebnis jedoch so wie erwartet, ist nichts weiter zu erledigen, da die
Implementation bereits durchgeführt ist. Damit die Änderungen auch in den Suchergebnissen angezeigt werden, bedarf eine gewisse Zeit, da Google die Seite noch einmal neu
Besuchen muss, um die Änderungen indizieren zu können. Doch es gibt auch keine Ga-
rantie das die Rich Snippets angezeigt werden. Der Grund ist bis zum heutigen Stand
unbekannt[2].

3.1.3 OneBox

Die OneBox könnte auf dem ersten Blick ein Rich Snippet sein, jedoch verfolgt dies ein
ganz anderes Ziel. Werden nach speziellen Informationen gesucht, wie z.B. das Wetter
in Essen, oder der Umrechnungskurs von Euro in einer anderen Währung, dann verwendet Google die OneBox, um kurz und knapp spezielle Informationen dazustellen[11, vgl
Kap. 3]. Das Unternehmen bietet diese Dienstleisung aber nicht nur für den normalen
Internetbenutzer an. OneBox kann für Unternehmen als sog. Enterprise Feature erwor-
ben werden, sodass Aktienwerte oder Informationen zu dem Unternehmen in Echtzeit
abgefragt und in der OneBox dargestellt werden. Google verfolgt das Ziel, Enterprise
Suchmaschine für andere Unternehmen zu sein[8].

3.2 Eigene Firmen Websites

Search Engine Optimization (SEO) Betreiber und Unternehmen haben es heute immer schwerer sich in Suchergebnissen gut zu positionieren. Oder sich gegen die Konkurrenz durchzusetzen. Jedoch existiert mit Hilfe der Rich Snippets ein relativ einfacher Weg sich gewisse Vorteile der Konkurrenz gegenüber zu schaffen. Rich Snippets sorgen dafür, dass den Inhalten, die in den Suchergebnissen dargestellt werden und mehr Aufmerksamkeit zuteil wird. Dadurch steigert sich in der Regel die Klickrate (also die Click-Through-Rate (CTR)). Eine erhöhte Klickrate wiederrum sorgt dafür, dass das Ranking ggfs. verbessert wird. Alles in allem also genau das, was SEO's erreichen wollen. Höhere Rankings in Kombination mit mehr Klicks.

3.3 Chancen für Anbieter

Anbieter können sein: Online Shops, Hersteller, Dienstleister usw. Doch die Chancen sind in der Regel gleich. Wird beispielsweise ein Online Shop in die Suchmaschine aufgenommen, so kann mit Hilfe der Rich Snippets (siehe Kapitel 3.1.2) eine höhere CTR erreicht werden, da wichtige Informationen zu einem angebotenen Produkt in der Ergebnisliste ebenfalls auftauchen. Die betrifft nicht nur die reinen Informationen zum angebotenen Produkt sondern auch Bewertungen. Durch ebenfalls angezeigte Rezensionen, kann das Vertrauen des Kunden gesteigert werden. Im Artikel [15], sind die Vorteile nicht nur beim OnlineShop von Nutzen. So findet das semantische Web in der Medienbranche ebenfalls Anklang. Mit Hilfe von semantischen Suchlösungen wurde der Online Auftritt der „Märkischen Oderzeitung" überarbeitet. Der Inhalt wird aus verschiedenen Quellen bezogen. Somit wird der Redakteur effektiver mit Informationen versorgt und brauch diese dann nur noch Kanalisieren. Auch in der Entwicklung von neuen Medikamenten kann das Semantische Web helfen. Das Unternehmen fluid Operations AG (http://www.fluidops.com/) mit Sitz in Walldorf hat ein Verfahren entwickelt, um Details eines speziellen Grafikprogramms zum Aufbau menschlicher Zellen mit öffentlichen Daten zu verknüpfen. Durch diese Verbindungen sind den Forschern viel mehr Informationen zugänglich, die sie für ihre Entwicklungen nutzen könnten.

3.4 Risiken für Anbieter

Die Entwicklung hin zu einem semantischen Web und der dazugehörigen Suche bei Google birgt auch Risiken. Es ist anzunehmen, dass der Benutzer die Suchmaschine gar nicht mehr verlassen muss, um die gesuchte Information zu finden. Da diese, sofern von der Suchmaschine erkannt und übernommen, bereits übersichtlich in den Suchergebnissen dargestellt wird. Gleichzeitig verwendet Google frei zugängliche Informationen, um eigene Produkte (wie z.b. den Knowledge Graph oder Google Shopping) zu entwickeln[3]. Als Beispiel: Besitzt ein Schreiner die Gabe gute Holzmodelle zu erstellen, will er diese Produkte den Kunden bereitstellen. Da die Produkte aufwändig erstellt werden und somit nicht auf Lager sind, entschließt sich der Schreiner keinen Webshop zu betreiben. Es wird auf seiner Internetpräsenz eine Beschreibung der Komponenten, dessen Aufbau und eventuell ein Bild platziert. Im schlechtesten Fall kann die Suchmaschine nun auf diese Seite stoßen, die Daten und Spezifikationen auslesen und in das eigene Google Shopping Produkt platzieren. Andere Hersteller sehen das Produkt und erstellen darauf basierend ein eigenes (quasi eine Kopie dessen). Dies wird in dem eigenen Shopping Portal angeboten, welches dann wiederum in dem Google Shopping Produkt vom Benutzer aufgefunden werden kann. So ist es möglich, das Ideen und Informationen quasi gestohlen werden können. Die Darstellung der Informationen in den Rich Snippets sind nur Momentaufnahmen. Das bedeutet, das der Crawl (Das besuchen der Suchmaschine, um Informationen abzurufen), am Anfang der Woche durchgeführt wurde und in der Mitte der Woche bereits keine Gültigkeit haben, da sich die Daten in der Zeit änderten. So kann es sein das Preise von einem Webshop viel zu hoch angepriesen werden, da diese bereits gesunken ist. Die Folge ist eine Abwanderung von Potentiellen Kunden zur Konkurrenz.

4 Fazit

Auch wenn das Semantische Web noch in den Anfängen befindet, bietet es neue und interessante Perspektiven, die für den Privatanwender und auch Unternehmen bzw. Anbietern von Vorteil sein können. Das Unternehmen hat durch die Semantische Web-Technologie den großen Vorteil, seine Produkte bzw. Angebote besser und auffälliger in den Suchergebnissen Platzieren zu können. Es muss jedoch beachtet werden, das zu viele Informationen den Benutzer dazu leiten können, nicht auf der eigenen Internetpräsenz (Beispiel: Webshop) zu gehen, sondern sich andere Angebote einholen könnte. Die Einbindung der Web-Technologie bedarf keinen größeren Aufwand, es ist sogar möglich die bestehenden Informationen zu verwenden und nur den HTML Quelltext mit entsprechenden Attributen zu erweitern. Doch es muss beachtet werden, das die Informationen in den Suchmaschinen Ergebnissen nicht in Echtzeit angezeigt werden. Daher ist abzuraten Echtzeit Informationen dort zu platzieren. Das bereitstellen von Informationen für Rich Snippets o.ä. ist eine sehr gute Sache. Dem Unternehmen muss aber klar sein, dass deren Informationen vom Suchbetreiber für eigene Produkte verwendet werden können.

Für den Benutzer wird die gezielte Informationssuche um ein vielfaches verbessert.

Produktvergleiche zwischen verschiedenen Anbietern ist eine enorme Erleichterung, so werden zusätzlich zum Produkt u.U. auch Rezensionen angezeigt die seine Entscheidung beim Kauf erleichtern. Will der Benutzer das Produkt kaufen, gelangt er direkt auf die Produktseite und kann seinen Einkauf tätigen. Der Benutzer genießt auch bei einfachen Abfragen, wie Adressen für bestimmte Institutionen oder Gebäude, diese mitsamt Kontakt- und / oder Allgemeine Informationen angezeigt zu bekommen. So wird dem Benutzer bei einer Suche nach einem bestimmten Facharzt, die Telefonnummer und dessen Öffnungszeit mit angezeigt.

Alles in allem ist somit gesagt, das es Vor und Nachteile für Unternehmen gibt. Für Benutzer jedoch existieren dort überwiegend Vorteile und Vereinfachungen, die das Auffinden von Informationen im Internet möglich macht. Da die Technologien des semantischen Web's noch in den Anfängen steht, existieren auch noch keine klaren Standards. Doch mit Steigerung der Akzeptanz und der Popularität wird sich im Laufe der Zeit etablieren.

Abkürzungsverzeichnis

[1] J. Bergmann and P. Danowski. *Handbuch Bibliothek 2.0.* Bibliotheks- und Informationspraxis. De Gruyter, 2010.

[2] René Dasbeck. Mit rich snippets die klickrate bei google verbessern, 2012. [Online; Zugriff am 4-Juni-2013].

[3] Rike Günther. *SEO Sunday: Das semantische Web.* www.ranking-check.de, 2012. [Online; Zugriff am 13-Juni-2013].

[4] Sean Golliher. Google just hi-jacked the semantic web vocabulary, 2012. [Online; Zugriff am 21-April-2013].

[5] Google. Google how search works, 2013. [Online; Zugriff am 24-April-2013].

[6] Google. Google knowledge graph history, 2013. [Online; Zugriff am 24-April-2013].

[7] R. Grütter. *Semantic Web zur Unterstützung von Wissensgemeinschaften.* Oldenbourg Wissenschaftsverl., 2008.

[8] Google inc. *Google OneBox für Unternehmen.* Google.com. [Online; Zugriff am 13-Juni-2013].

[9] S. Köpke. *Qualitatives Räumliches Schließen - Repräsentation qualitativ-räumlichen Wissens im semantischen Web mittels topologischer Beziehungen zwischen Regionen: Erstellen einer Experimentierplattform zur Transformation von und zum Schließen über topologische Relationen in OWL DL.* GRIN Verlag, 2008.

[10] P. Mertens. *XML-komponenten in der Praxis.* Xpert. press Series. Springer Verlag, 2003.

[11] M. Miller. *Using Google Advanced Search.* Using–. Pearson Technology Group, 2011.

[12] S. Münz. *Webseiten professionell erstellen: Programmierung, Design und Administration von Webseiten.* Programmer's Choice. Addison Wesley in Pearson Education Deutschland, 2008.

[13] T. Pellegrini and A. Blumauer. *Semantic Web:.* X. media. press Series. Springer, 2006.

[14] Dieter Petereit. Seo seo mit google rich snippets: So geht's!, 2012. [Online; Zugriff am 28-April-2013].

[15] Unternehmen Region.de. *Schöne neue datenwelt – was bietet das semantic web?*, 2013. [Online; Zugriff am 11-Juni-2013].

[16] M. Rhino. *Das Metadatenmodell Dublin Core*. GRIN Verlag, 2011.

[17] H.C. Uherek. *Vom Web 2.0 zum Semantic-Web: Einsatzmöglichkeiten des semantischen Webs im Wissensmanagement*. Diplomica Verlag Gmbh, 2009.

[18] Valeska. *Seo für shops: Welche rich snippets sind sinnvoll?*, 2013. [Online; Zugriff am 04-Juni-2013].